UNICORNIOS

PICTURE WINDOW BOOKS
a capstone imprint

Agradecemos la asesoría, investigación y experiencia de nuestra consultora:
Dra. Elizabeth Tucker, PhD.
Profesora de Servicio Distinguido
de Lengua Inglesa, Literatura General y Retórica
de la Universidad de Binghamton, Binghamton, NY

Editora: Shelly Lyons
Diseñadora gráfica: Hilary Wacholz
Directora creativa: Kay Fraser
Elemento de diseño: Shutterstock
Traducción al español de Aparicio Publishing, LLC

Los libros de Picture Window Books son una publicación de Capstone.
1710 Roe Crest Drive, North Mankato, Minnesota 56003
www.capstonepub.com

Los datos de CIP (Catalogación previa a la publicación, CIP) de la Biblioteca
del Congreso se encuentran disponibles en el sitio web de la Biblioteca.
ISBN 9781515883845 (encuadernación para biblioteca)
ISBN 9781515883852 (tapa blanda)
ISBN 9781515894247 (libro electrónico)

Printed and bound in the USA. 3837

UNICORNIOS

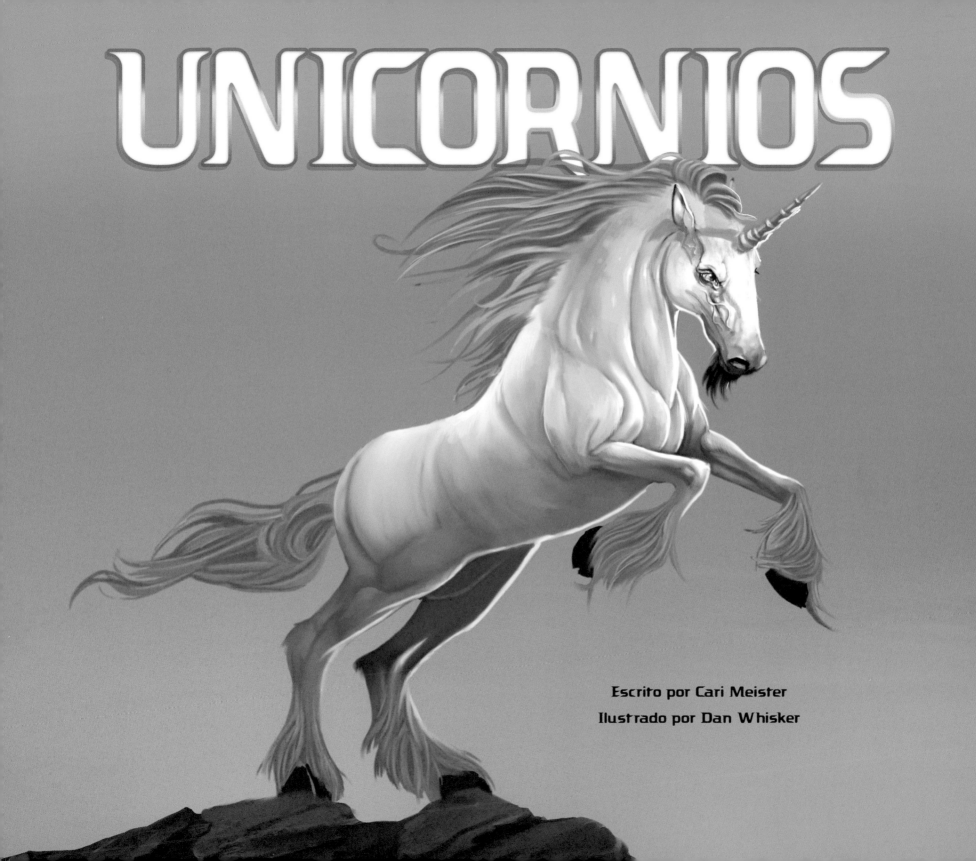

Escrito por Cari Meister

Ilustrado por Dan Whisker

Un unicornio galopa entre la niebla del bosque. Huye de cazadores que quieren su cuerno mágico. De pronto, se detiene en una densa arboleda y resopla. Ya los cazadores quedaron atrás. La hermosa bestia ladea la cabeza y olfatea el aire. Capta el aroma de una jovencita. El unicornio corre hacia ella.

EL COMPORTAMIENTO DE LOS UNICORNIOS

Los unicornios son animales míticos que por lo general se esconden de los seres humanos. Pero se sabe que dan auxilio a las jóvenes que necesitan ayuda. En algunas leyendas, los unicornios son amigos de magos muy poderosos.

Los unicornios viven en bosques, desiertos, praderas y otras áreas donde pueden esconderse de la gente. Algunos unicornios se camuflan con sus alrededores. De esa manera pueden descansar sin ser vistos.

UNICORNIO
ASIÁTICO

UNICORNIO
DEL SUR

UNICORNIO EUROPEO

Cuando no están descansando, es posible que estén comiendo.
Los unicornios son herbívoros y se alimentan principalmente de pasto.

¡Los unicornios son muy veloces! Corren incluso más rápido que los caballos. Aun así, galopan con gracia y elegancia.

Dice la leyenda que el galope del unicornio asiático es delicado.
¡Cuando sus cascos tocan la tierra, no rozan ni una hoja de pasto!

EL CICLO DE VIDA DE LOS UNICORNIOS

El ciclo de vida de los unicornios es un misterio. Pero puede que sea muy parecido al de un caballo. Aunque los caballos viven unos 25 años, es posible que la magia de los unicornios los ayude a vivir más. Algunos creen que, cuando un unicornio muere, su cuerno mágico hace surgir un arco iris sobre la tierra que fue su hogar.

MADRE Y POTRILLO

NACIMIENTO

POTRO

ADULTO

13

LAS CARACTERÍSTICAS DE LOS UNICORNIOS

No todos los unicornios son iguales. Su color, tamaño, cuerno y cola pueden variar. El pelaje de los unicornios del hemisferio sur es de color morado o rojo. El de los unicornios europeos puede ser blanco, rojo amarillento o marrón. Algunos unicornios asiáticos cambian de color para mimetizarse con el lugar en el que están.

UNICORNIO
DEL SUR

UNICORNIO
EUROPEO

UNICORNIO
ASIÁTICO

El cuerno de muchos unicornios es largo y tiene forma de espiral. Otros tienen un cuerno corto y romo. El cuerno puede ser de diferentes colores. Los más comunes son blanco, dorado o negro.

Casi todos los unicornios tienen colas largas de pelo suelto. Pero los unicornios asiáticos tienen una cola corta.

¿QUÉ ASPECTO TIENE UN UNICORNIO EUROPEO?

CUERNO: El cuerno del unicornio europeo es largo y en espiral. Tiene el poder de hacer desaparecer el veneno de los alimentos y del agua. También puede curar enfermedades. Aunque no aparenta ser afilado, puede perforar cualquier cosa.

OJOS: Los ojos de este unicornio son grandes y tienen largas pestañas. Es muy posible que el color de los ojos de este animal mágico cambie según su estado de ánimo.

CRIN: Su crin es de pelo grueso y largo.

BARBA: Algunos unicornios tienen barba como la de los chivos.

PELAJE: El pelaje puede ser de cualquier color. El más común es el blanco.

PIEL: La piel del unicornio tiene el poder de combatir enfermedades.

COLA: La cola es larga. A veces la punta termina en una borla, como la cola de un león.

CASCOS: Los cascos de este unicornio son duros y oscuros. A menudo tienen la pezuña hendida.

CUERNO

CRIN

PELAJE

COLA

OJOS

BARBA

PIEL

CASCOS

¿QUÉ ASPECTO TIENE UN UNICORNIO ASIÁTICO?

CUERNO: El unicornio asiático puede tener de uno a tres cuernos cubiertos de piel.

CRIN: Su crin es de pelo grueso y largo.

PELAJE: El pelaje de este unicornio puede ser escamoso, de color amarillo, blanco, azul, rojo o negro. Algunos unicornios asiáticos cambian de color.

CUERPO: Su cuerpo es muy parecido al de un venado.

COLA: Su cola es corta.

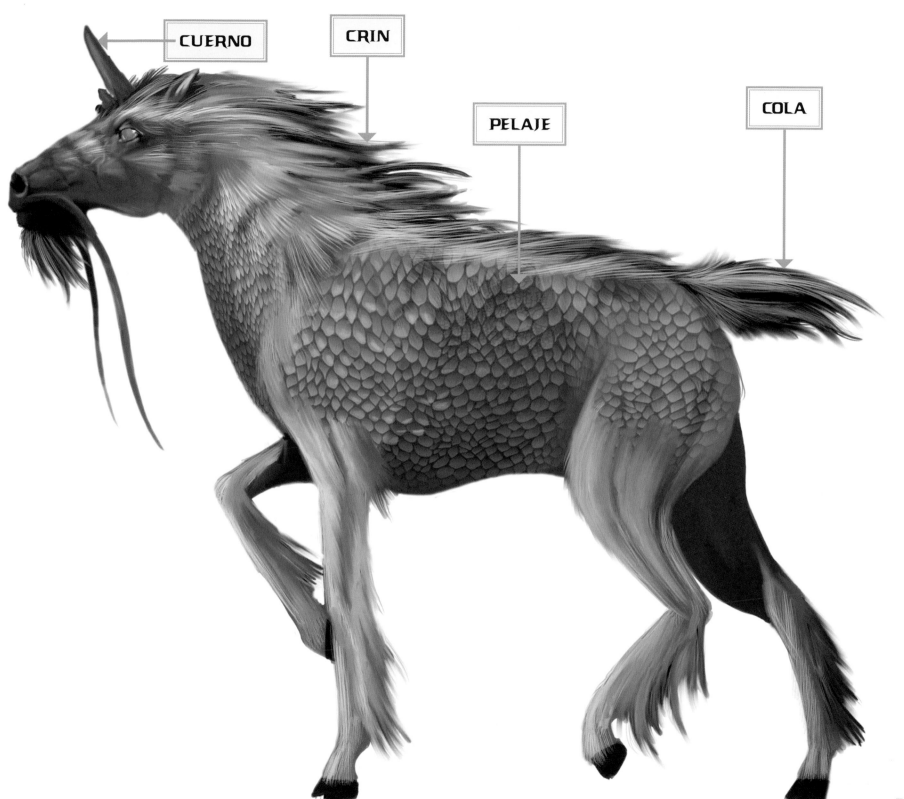

CUERNO

CRIN

PELAJE

COLA

21

LOS UNICORNIOS DE LEYENDA

Desde hace miles de años, los unicornios han vivido en la mente y el corazón de los seres humanos. Son seres mitológicos y mágicos. En todo el mundo se han creado leyendas e imágenes sobre estas criaturas para nutrir nuestra imaginación.

Debido a sus poderes mágicos, los unicornios siempre han sido presas
de caza muy preciadas. Una leyenda medieval cuenta la historia de cómo
fue atrapado un unicornio. Mientras la criatura dormía con su cabeza
en el regazo de una joven, unos hombres malvados lo capturaron.

Los unicornios pueden ser mensajeros. En otra leyenda, Gengis Khan, un gobernante mongol, se detiene en un desfiladero. Contempla la India y piensa en cómo conquistarla. Entonces aparece un unicornio, se inclina tres veces y le dice a Khan: "Regrésate pronto". Khan regresa a su casa y deja a la India en paz.

Los unicornios siguen siendo parte de la tradición popular. Son protagonistas de películas y libros. A menudo son gráciles y bondadosos, pero también pueden ser valientes y feroces. En el libro *La última batalla,* de C. S. Lewis, hay un unicornio llamado Alhaja. Ese unicornio se defiende del mal con sus dientes, cascos y cuerno.

No importa si están rescatando a jóvenes doncellas o luchando en grandes batallas, los unicornios han deleitado a los lectores durante siglos. La próxima vez que estés en un bosque, presta atención. Si oyes el roce de una cola que se mueve o ves unos brillantes ojos azules, ¡es posible que sea un unicornio!

ACERCA DE LA AUTORA

Cari Meister vive en Vail, Colorado, con su esposo y sus cuatro hijos. Le gusta leer, esquiar, correr y montar su caballo de raza árabe, Sir William. Ha escrito muchos libros para niños, como los de las series *Three Horses*, *Fairy Hill* y *Pony Poems for Little Pony Lovers*. Si quieres saber más de ella, visita *carimeister.com*.

ACERCA DEL ILUSTRADOR

Dan Whisker es un ilustrador autodidacta. Anteriormente, formó parte de las Fuerzas Armadas de Su Majestad, en Inglaterra, y posteriormente fue policía. Dan es casado y tiene tres hijos mayores. En la actualidad vive en un pequeño pueblo cerca de la ciudad medieval de Canterbury, en Inglaterra.

GLOSARIO

asiático/a—relacionado con Asia, la extensa región del mundo donde se hallan países como China e India

borla—puñado denso de pelo que se une en un punto

escamoso/a—cubierto de escamas, pequeñas partes duras de la piel de ciertos animales

espiral—patrón que da vueltas

galopar—trotar con rapidez; los caballos galopan levantando del suelo los cuatro cascos de sus patas cuando corren

grácil—que se mueve rápidamente y con facilidad

hemisferio—una mitad de la Tierra; la línea del ecuador divide la Tierra en los hemisferios norte y sur

hendido/a—que tiene un corte que lo divide en dos partes sin separarlas

herbívoro—animal que se alimenta solo de plantas

medieval—relativo a la época histórica entre los años de 500 y 1450 d. C.

mito—historia o leyenda tradicional, originada en tiempos antiguos

romo/a—que no tiene filo

tradición—conjunto de leyendas o creencias de un grupo de personas que han pasado a otras a través del tiempo

veloz—muy rápido

veneno—sustancia que puede matar o hacer mucho daño

PREGUNTAS DE RAZONAMIENTO CRÍTICO

1. ¿En qué se diferencia un caballo de un unicornio?

2. ¿Qué poderes mágicos tienen los unicornios?

3. Si pudieras ver un unicornio, ¿qué tipo te gustaría ver? ¿Por qué?